4 bis 12 Jahre

Franz Schlosser

Allez, hop! Chantez!

Chansons enfantines allemandes

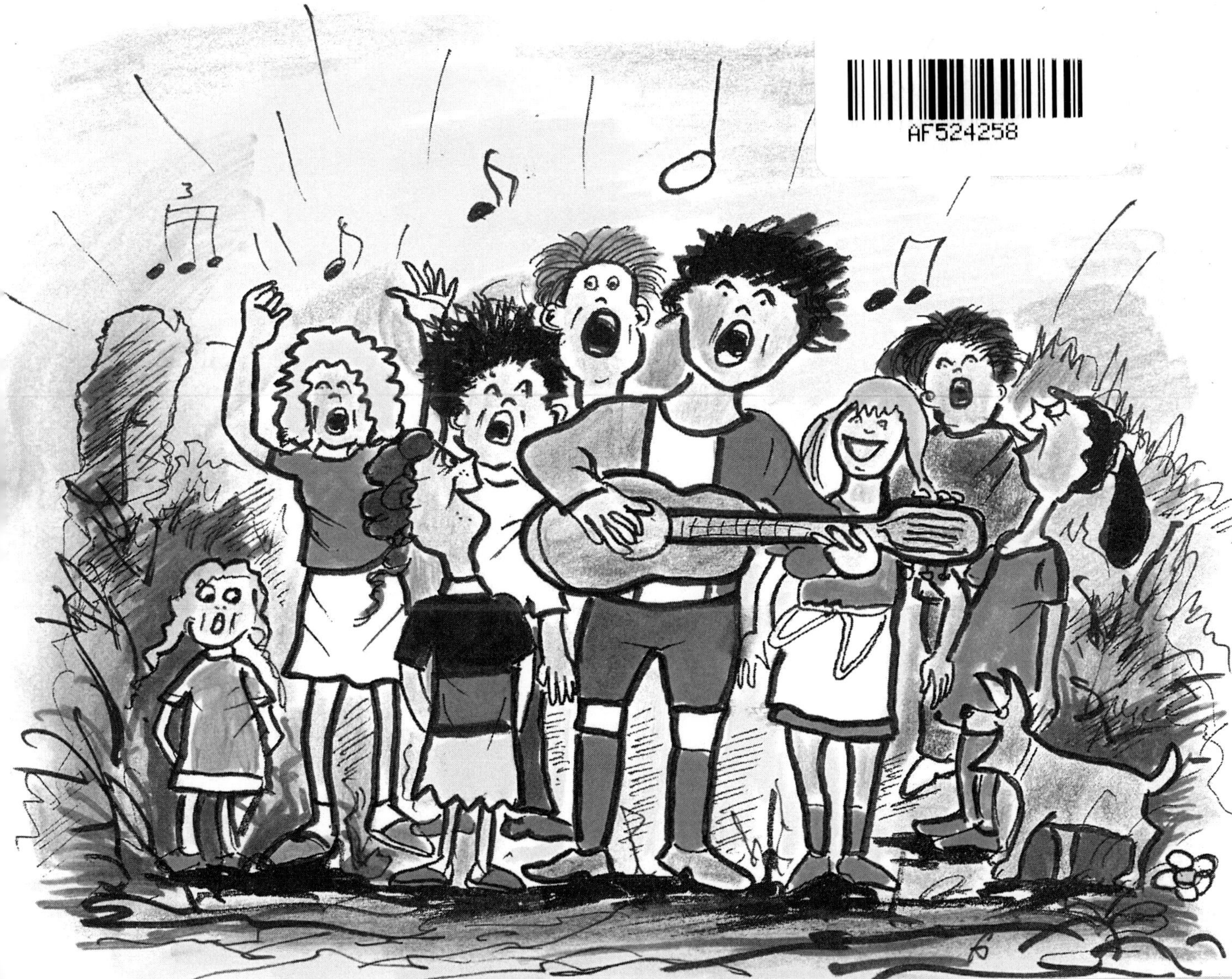

traduites en français
illustrées, annotées,
avec des suggestions de jeux

www.kohlverlag.de

Allez, hop! Chantez!

Chansons enfantines allemandes

1. Auflage 2020

Coverbild: © Franz Schlosser
Inhalt: Franz Schlosser
Zeichnungen: Franz Schlosser
Redaktion: Kohl-Verlag
Grafik/Satz: Eva-Maria Noack & Kohl-Verlag
Druck: farbo prepress GmbH, Köln

Bestell-Nr. 12 415

ISBN: 978-3-96624-103-8

Der vorliegende Band ist eine Print-Einzellizenz

Sie wollen unsere Kopiervorlagen auch digital nutzen? Kein Problem – fast das gesamte KOHL-Sortiment ist auch sofort als PDF-Download erhältlich! Wir haben verschiedene Lizenzmodelle zur Auswahl:

	Print-Version	PDF-Einzellizenz	PDF-Schullizenz	Kombipaket Print & PDF-Einzellizenz	Kombipaket Print & PDF-Schullizenz
Unbefristete Nutzung der Materialien	x	x	x	x	x
Vervielfältigung, Weitergabe und Einsatz der Materialien im eigenen Unterricht	x	x	x	x	x
Nutzung der Materialien durch alle Lehrkräfte des Kollegiums an der lizensierten Schule			x		x
Einstellen des Materials im Intranet oder Schulserver der Institution			x		x

Die erweiterten Lizenzmodelle zu diesem Titel sind jederzeit im Online-Shop unter www.kohlverlag.de erhältlich.

Sommaire / Inhalt

Seite

Allez, hop! Chantez
Chansons enfantines allemandes – Bestell-Nr. 12 415

Avant-propos

C'est bien connu qu'une belle chanson égaie le cœur – alors chantons!

Ce petit livre rassemble 39 chansons enfantines allemandes illustrées, annotées et traduites en français. Certaines d'entre elles sont accompagnées d'une suggestion de jeu. Elles doivent, de manière ludique et interactive, faire appréhender aux enfants à un stade d'apprentissage précoce la langue étrangère tout en stimulant leurs capacités motrices.

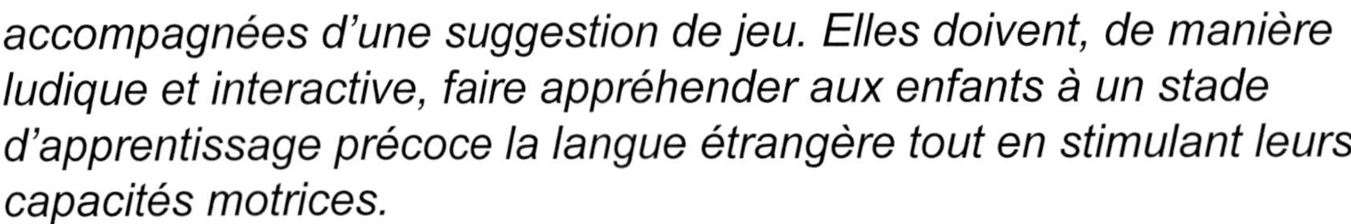

En utilisant des chansons pour enfants traditionnelles, on peut combiner un contenu connu avec le nouveau vocabulaire.

Grâce à des répétitions faciles à retenir accompagnées de mouvements appropriés, même les enfants qui ne disposent que d'un vocabulaire minime ou même d'aucun vocabulaire comprendrons la langue étrangère plus vite et sans peine et pourront vivre une expérience de réussite motivante.
Les mélodies des chansons allemandes (qu'on peut écouter sur YouTube et télécharger sur Internet) devant avoir la priorité absolue, les traductions ne peuvent pas être littérales, bien sûr, mais elles restent toujours assez proches du texte original.

Groupes cible:

Le livre s'adresse aux familles franco-allemandes ainsi qu'aux maternelles et écoles bilingues.
Les chansons marquées d'un astérisque ont aussi comme groupes cible des collégiens et lycéens jusqu'à l'âge de douze ans.

Remarque:

Les e soulignés (e) doivent se prononcer, les signes II: :II encadrant une phrase signalent que celle-ci doit être répétée.

Vorwort

Allez, hop! Chantez! versammelt 39 bekannte deutsche ins Französische übertragene, illustrierte und mit Vokabelhilfen versehene Kinderlieder, die z.T. eine Spielanleitung haben.
Mittels dieser Lieder soll Kindern (anwendungsbezogen und) spielerisch die französische Sprache nähergebracht werden.
Lieder, die bereits bekannt sind, werden in französischer Sprache gesungen, so dass leicht die Verknüpfung des jeweiligen bereits bekannten Inhalts mit dem neuen Vokabular hergestellt werden kann. Durch das Prinzip von einprägsamen Wiederholungen und passenden Bewegungen können auch Kinder mit einem noch geringen bis gar keinem Wortschatz die französische Sprache leicht verstehen.
Die Singbarkeit der Lieder zu gewährleisten hatte in „Allez, hop! Chantez!" allerhöchste Priorität. So konnte denn auch die Übersetzung meist nicht wortgetreu, sondern nur sinngemäß sein.

Die Melodien der deutschen Lieder können problemlos auf YouTube angehört werden. Die Noten dafür findet man im Internet.

Zielgruppen: Das Buch eignet sich für die deutsch-französische Familie, für bilinguale Kita- und Grundschüler sowie für „Erstfranzosen" der Sekundarstufe 1 (Klasse 5/6). Die mit einem Sternchen* versehenen Lieder sind auch für ältere Schüler (noch) interessant.

Anmerkung: Die unterstrichenen französischen e (e) müssen aus Gründen von Reim und Rhythmus gesprochen werden. Die einen Satz umrahmenden Zeichen II: :II bedeuten, dass der Satz oder die Zeile zu wiederholen ist.

Franz Schlosser

Über den Autoren

Franz Schlosser (*1946 in Waldsee) studierte Anglistik und Romanistik in Heidelberg. Von 1971 bis zum Eintritt in den Ruhestand 2010 unterrichtete er an Gymnasien in Idar-Oberstein und Schifferstadt die Fächer Englisch, Französisch, Italienisch und Latein.
Er publizierte in diversen sprachpädagogischen Fachzeitschriften.
Autor u.a. von *Principulus. Der kleine Prinz auf Lateinisch / Die fromme Helene auf Lateinisch (beide Reclam) / Petrulus Grammaticus. Struwwelpeter Goes Grammar (C.C. Buchner) / À vos marques, prêts, chantez!* Etc.
Er ist zudem Autor verschiedener Mundartveröffentlichungen.

Alle Leut' geh'n jetzt nach Haus
Alle Leut', alle Leut' geh'n jetzt nach Haus.
Alle Leut', alle Leut' geh'n jetzt nach Haus,
große Leut', kleine Leut',
dünne Leut', dicke Leut'.
Alle Leut', alle Leut' gehen jetzt nach Haus.

Alle Leut', alle Leut' winken sich zu,
sagen „Auf Wiedersehn,
das war heut wieder schön".
Alle Leut', alle Leut' winken sich zu.

*

Tous les gens, tous les gens rentrent chez eux (1).
Tous les gens, tous les gens rentrent chez eux.
Tous les gens, petits (2) et grands (3),
élancés (4), corpulents (5).
Tous les gens, tous les gens rentrent chez eux.

Tous les gens, tous les gens agitent les mains (6),
tous les gens, tous les gens agitent les mains,
disent „Salut, à bientôt,
c'était encore très beau".
Tous les gens, tous les gens agitent les mains.

*

Glossaire
élancé – schlank; corpulent(e) – gros(se)

Règles du jeu

Les enfants marchent sur place (1), s'accroupissent (2), lèvent les bras (3), se mettent sur la pointe des pieds (4), étendent les bras sur le côté (5), disent „au revoir" de la main (6).

Spielanleitung

Die Kinder gehen auf der Stelle (1), gehen in die Hocke (2), strecken die Arme in die Höhe (3), stellen sich auf die Zehenspitzen (4), strecken die Arme zur Seite (5), winken mit den Händen (6).

Allez, hop! Chantez
Chansons enfantines allemandes – Bestell-Nr. 12 415
KOHL VERLAG

2

Äpfel, Birnen und Spinat

Äpfel, Birnen und Spinat,
Sauerkraut und Kopfsalat,
schau, wer an der Reihe ist,
sag mir jetzt, wie alt du bist.

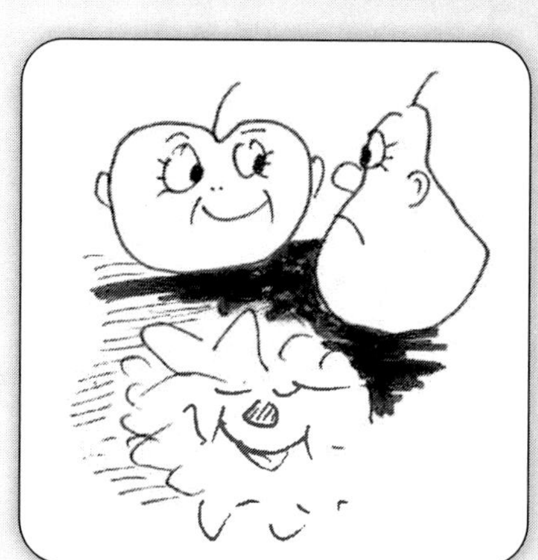

*

Pommes et pêches et épinards,
choucroute, pois, laitue et poires.
C'est ton tour maintenant, n'est-ce pas?
Dis-moi vite quel âge tu as.

*

Glossaire
pomme, f. – Apfel; pêche, f. – Pfirsisch; épinards, mpl. – Spinat; choucroute, f. – Sauerkraut; pois, m. Erbse; laitue, f. – Kopfsalat; poire, f. – Birne; c'est ton tour – du bist an der Reihe

Règles du jeu

Un enfant va au milieu du cercle et récite le vers. Les autres tapent dans les mains au rythme de la musique. L'enfant sur lequel celui au milieu du cercle montre du doigt quand les mots «tu as» sont prononcés, doit dire son âge. Les années sont comptées. L'enfant sur lequel tombe le dernier chiffre se rend au cercle – et la comptine d'élimination recommence.

Spielanleitung

Ein Kind geht in die Kreismitte und sagt den Vers auf. Die anderen klatschen dazu im Takt in die Hände. Das Kind in der Mitte zeigt bei «tu as» mit dem Finger auf ein anderes Kind, das sein Alter angibt. Die Jahre werden abgezählt. Das Kind, auf welches die letzte Zahl fällt, geht in die Kreismitte – und das Abzählspiel beginnt von vorn.

3
Auf einem Baum ein Kuckuck

Auf einem Baum ein Kuckuck,
simsalabim, bamba,
saladu, saladim,
auf einem Baum ein Kuckuck saß.

Da kam ein junger Jägers-,
simsalabim, bamba,
saladu, saladim,
da kam ein junger Jägersmann.

Der schoss den armen Kuckuck,
simsalabim, bamba,
saladu, saladim,
der schoss den armen Kuckuck tot.
Und als ein Jahr vergangen,
simsalabim, bamba,
saladu, saladim,
und als ein Jahr vergangen war,

da war der Kuckuck wieder,
simsalabim, bamba,
saladu, saladim,
da war der Kuckuck wieder da.

Da freuten sich die Leute,
simsalabim, bamba,
saladu, saladim,
da freuten sich die Leute sehr.

*

Sur le rameau d'un peupli …
digue-do-dague, digue-do-dague-daine,
sur le rameau d'un peupli … er
- *un beau coucou était per … ché.*
- *Vite un chasseur est arri … vé.*
- *La pauvre bête, il l'a tu … ée.*
- *Mais quand un an était pa … ssé,*
- *notre coucou est retour … né.*
- *Et tous les gens ont jubi … lé.*

*

Glossaire
rameau, m. – Zweig; peuplier, m. – Pappel; perché – assis

Allez, hop! Chantez
Chansons enfantines allemandes – Bestell-Nr. 12 415
KOHL VERLAG

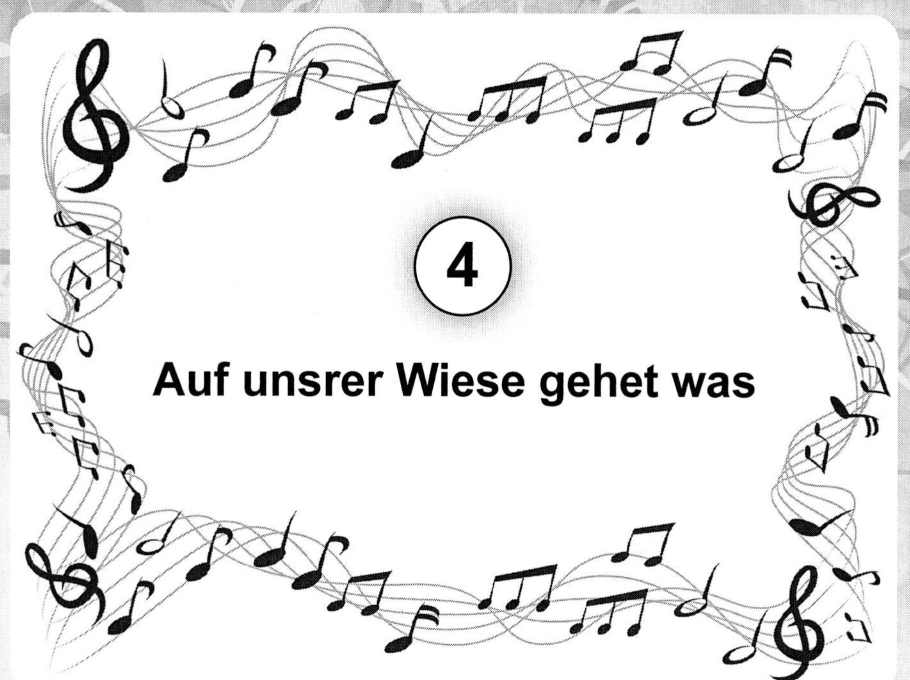

4

Auf unsrer Wiese gehet was

Auf unsrer Wiese gehet was,
watet durch die Sümpfe.
Es hat ein schwarzweiß Röcklein an
und trägt rote Strümpfe.
Fängt die Frösche, schnapp, schnapp, schnapp.
Klappert lustig, klapperdiklapp. Wer kann das
erraten?

*

Vêtu d'un mantelet noir et blanc
et de chaussettes orange
il marche à travers prés et champs
et patauge dans la fange.
Faisant de son bec clac clac,
il pêche les grenouilles, cuac cuac.
Savez-vous qui c'est, ça?

*

Glossaire
mantelet, m. – petit manteau (Mäntelchen); chaussette, f. – Strumpf; pré, m. – Wiese; patauger – waten; fange, f. – Schlamm; bec, m. – Schnabel; grenouille, f. – Frosch

Règles du jeu

Tous les enfants forment un cercle. Certains d'entre eux miment les cigognes qui se pavanent au milieu du cercle. Au moment du «il pêche les grenouilles», ils tracent avec leurs bras les becs longs des cigognes et attrapent les grenouilles qui sont dans le cercle. Les grenouilles attrapées s'asseyent au milieu du cercle. Au deuxième vers, les cigognes attrapent d'autres grenouilles, puis le jeu recommence.

Spielanleitung

Alle Kinder bilden einen Kreis. Einige von ihnen mimen die in der Kreismitte umher stolzierenden Störche. Sobald «il pêche les grenouilles» ertönt, bilden die Störche mit ihren Armen die langen Storchenschnäbel und fangen die Frösche aus dem Kreis.Die gefangenenen Frösche hocken sich in die Kreismitte. In der 2. Strophe fangen die Störche weitere Frösche. Dann beginnt das Spiel von vorn.

KOHL VERLAG Allez, hop! Chantez
Chansons enfantines allemandes – Bestell-Nr. 12 415

5

Backe, backe Kuchen

(chanson pour frapper dans les mains)

Backe, backe Kuchen,
der Bäcker hat gerufen:
Wer will guten Kuchen backen,
der muss haben sieben Sachen:
Eier und Schmalz,
Zucker und Salz,
Milch und Mehl,
Safran macht den Kuchen gelb!
Schieb ihn in den Ofen rein!

*

Faisons des madeleines!
Ça vaut bien la peine.
Pour en faire des grandioses
il nous faut ces quelques choses:
Des œufs, du sel,
du beurre, du miel,
de la farine,
du lait et un soupçon de fine.
Poussez-les toutes dans le four.

*

Glossaire
madeleine, f. – eine Art Sandplätzchen;
ça vaut la peine – es ist der Mühe wert;
miel, m. – Honig; farine, f. – Mehl, un soupçon – un tout petit peu; fine, f. – feiner Weinbrand;
four, m. – Ofen

Règles du jeu

Les enfants tapent dans les mains tout en chantant. Au «Poussez-les toutes dans le four», ils font semblant de mettre une plaque à pâtisserie au four.

Spielanleitung

Die Kinder klatschen während des Singens in die Hände. Bei «Poussez-les toutes dans le four» schieben sie ein Blech in den Ofen.

Die Affen rasen durch den Wald,
der eine macht den andern kalt.
Die ganze Affenbande brüllt:
„Wo ist die Kokosnuss?
Wo ist die Kokosnuss?
Wer hat die Kokosnuss geklaut?“

Die Affenmama sitzt am Fluss
und angelt nach der Kokosnuss.
Die ganze Affenbande brüllt:
„Wo ist die Kokosnuss?
Wo ist die Kokosnuss?
Wer hat die Kokosnuss geklaut?“

Der Affenonkel, welch ein Graus,
reißt ganze Urwaldbäume aus.
Die ganze Affenbande brüllt:
„Wo ist die Kokosnuss?
Wo ist die Kokosnuss?
Wer hat die Kokosnuss geklaut?“

Die Affentante kommt von fern,
Sie isst die Kokosnuss so gern.
Die ganze Affenbande brüllt:
„Wo ist die Kokosnuss?
Wo ist die Kokosnuss?
Wer hat die Kokosnuss geklaut?“

Der Affenmilchmann, dieser Knilch,
der wartet auf die Kokosmilch.
Die ganze Affenbande brüllt:

„Wo ist die Kokosnuss?
Wo ist die Kokosnuss?
Wer hat die Kokosnuss geklaut?“

Das Affenbaby voll Genuss
hält in der Hand die Kokosnuss.
Die ganze Affenbande brüllt:
„Da ist die Kokosnuss!
Da ist die Kokosnuss!
Es hat die Kokosnuss geklaut!“

Die Affenoma ruft „Hurra!
Die Kokosnuss ist wieder da!“
Die ganze Affenbande brüllt:
„Da ist die Kokosnuss!
Da ist die Kokosnuss!
Es hat die Kokosnuss geklaut!“

Und die Moral von der Geschicht':
Klaut keine Kokosnüsse nicht,
Weil sonst die ganze Bande brüllt:
„Wo ist die Kokosnuss?
Wo ist die Kokosnuss?
Wer hat die Kokosnuss geklaut?“

*

La forêt vierge est en émoi,
les singes se battent et sèment l'effroi.
Et toute la bande crie tout haut:
«Où est la noix d'coco,
où est la noix d'coco,
qui a fauché la noix d'coco?»

La mère gorille va au ruisseau
pour y pêcher la noix d'coco.
Et toute la bande crie tout haut:
«Où est la noix d'coco,
où est la noix d'coco,
qui a fauché la noix d'coco?»

L'oncle gorille, l'énergumène,
arrache à bras nus dix-sept chênes.
Et toute la bande crie tout haut:
«Où est la noix d'coco,
où est la noix d'coco,
qui a fauché la noix d'coco?»

La tante gorille de Bornéo
raffole de la noix d'coco.
Et toute la bande crie tout haut:
«Où est la noix d coco,
où est la noix d'coco,
qui a fauché la noix d'coco?»

Le pauvre singe laitier a beau
se procurer son lait d'coco.
Et toute la bande crie tout haut:
«Où est la noix d' coco,
où est la noix d'coco,
qui a fauché la noix d'coco?»

Le bébé singe, le petit faraud,
tient à la main la noix d'coco.
Et toute la bande crie tout haut:
«Voici la noix d'coco,
voici la noix d'coco,
Il a fauché la noix d'coco!»

La mamie singe crie «Hip hourra!
La noix d'coco, la revoilà!»
Et toute la bande crie tout haut:
«Voici la noix d'coco,
voici la noix d'coco,
Il a fauché la noix d'coco!"

Et la morale: Sois pas idiot!
Si tu chapardes des noix d'coco,
la bande de singes criera tout haut:
«Où est la noix d'coco,
où est la noix d'coco,
qui a fauché la noix d'coco?»

*

Glossaire
forêt vierge – jungle (Urwald); émoi , m. – Erregung (en émoi – in Aufruhr); semer l'effroi – Schrecken verbreiten; raffoler de – aimer beaucoup; faucher – voler (klauen); ruisseau, m. – Bach; énergumène, m. – verrückter Kerl; chêne, m. – Eiche; laitier, m. – Milchmann; se procurer – sich beschaffen; avoir beau faire qc. – etwas vergeblich tun; petit faraud – kleiner Angeber; mamie, f. – grandmère; chaparder – faucher

Règles du jeu

Chaque enfant est membre de la bande de singes. Les garçons sont l'oncle singe, le singe laitier, le singe bébé. Les filles sont la mère gorille, la tante gorille, la mamie gorille. Le singe chanté va au milieu et mime les mouvements décrits dans la chanson. Les autres forment un cercle et se tiennent par la main. Pendant le refrain, tout le monde tricote des jambes.

Spielanleitung
Jedes Kind ist Mitglied der Affenbande. Die Buben sind Affenonkel, Affenmilchmann, Affenbaby. Die Mädchen spielen die Affenmutter, die Affentante, die Affenoma.
Wer gerade besungen wird, geht in die Mitte und mimt die Bewegungen des Liedtextes. Alle anderen stellen sich im Kreis auf und halten sich an den Händen. Während des Refrains hüpfen alle wild umher.

7

Eiapopeia, schlag´s Kikelchen tot

Eiapopeia,
schlag's Kikelchen tot.
Es legt keine Eier
und frisst mir mein Brot.

*

Vas-y, chourine
le coq paresseux.
Il mange mes tartines
et ne pond pas d'œufs.

*

Glossaire

chouriner – donner un coup de couteau; coq, m. – Hahn; paresseux (-euse) – faul; tartine, f. – belegtes Brot, Stulle; œuf, m. – Ei; pondre des œufs – Eier legen

8

Ein Hund schlich in die Küche

(chanson de bus)

Ein Hund schlich in die Küche
und stahl dem Koch ein Ei.
Da nahm der Koch den Löffel
und schlug den Hund entzwei.
Da kamen alle Hunde
und gruben ihm ein Grab
und setztem ihm einen Grabstein,
worauf geschrieben stand:
Ein Hund …

*

Un chien vole une tartine,
une bonne tartine de beurre.
Le chef de la cuisine
écrase le sale voleur.
Ses camarades l'enterrent
et posent sur son tombeau
une croix spectaculaire
où sont gravés ces mots:
Un chien …

*

Glossaire

tartine de beurre – Butterbrot; écraser – tuer; sale – fies; enterrer – mettre en terre (beerdigen); tombeau, m. – Grab; graver – einritzen

Allez, hop! Chantez
Chansons enfantines allemandes – Bestell-Nr. 12 415
KOHL VERLAG

9

Ein Loch ist im Eimer

Ein Loch ist im Eimer,
Elise, Elise,
ein Loch ist im Eimer,
Elise, ein Loch.

Verstopf es, o Heinrich,
o Heinrich, o Heinrich,
verstopf es, o Heinrich,
o Heinrich, mach's dicht.

Womit denn, Elise …
Mit Stroh doch, o Heinrich …
Das Stroh ist zu lang, Mensch, …
Dann kürz es, o Heinrich …
Womit denn, Elise …
Nimm die hier, o Heinrich …
Die Axt ist doch stumpf, Mensch, …
Dann schärf sie, o Heinrich …
Womit denn, Elise …
Mit dem Schleifstein, o Heinrich …
Der Schleifstein ist trocken …
Dann mach ihn halt nass, Mensch …
Womit denn, Elise …
Mit Wasser, o Heinrich …
Worin soll ich's holen …
Im Eimer, o Heinrich …
Ein Loch ist im Eimer …

*

Le seau a un trou, quoi,
Élise, Elise,
Le seau a un trou, quoi,
Elise, un trou.

Dépêche-toi et bouche-le,
Jean-Pierre, Jean-Pierre,
dépêche-toi et bouche-le,
Jean-Pierre – bouche-le!

Comment le boucherai-je,
Elise, Elise … ?

Avec de la paille …
La paille est trop longue …
Écourte-la …
Comment l'écourterai-je … ?
Avec une hachette …
Elle est émoussée, quoi …
Aiguise-la …
Avec quoi l'aiguiserai-je … ?
Avec une meule …
La meule est trop sèche …
Arrose-la …
Avec quoi l'arroserai-je …?
Avec de l'eau …
Avec quoi en chercherai-je …?
Avec un seau …
Mais le seau a un trou, quoi …

*

Glossaire
seau, m. – Eimer; boucher – verstopfen; paille, f. – Stroh; écourter – kürzen; hachette – petite hache (Beil); émoussé – stumpf; aiguiser – schärfen; meule, f. – Wetzstein; sec, sèche – trocken; arroser – nass machen

10

Ein Schneider fing 'ne Maus

(1/2)

Ein Schneider fing ‘ne Maus,
ein Schneider fing ‘ne Maus,
ein Schneider fing ‘ne Mause-Maus,
Mi-Ma-Mause-Maus,
ein Schneider fing ‘ne Maus.

Was macht er mit der Maus … Mi-Ma-Mause-Maus
Er zieht ihr ab das Fell … Mi-Ma-Mause-Fell
Was macht er mit dem Fell … Mi-Ma-Mause-Fell
Er näht sich einen Sack …
Was macht er mit dem Sack …
Er tut hinein sein Geld …
Was macht er mit dem Geld …
Er kauft sich einen Bock …
Was macht er mit dem Bock …
Er reitet durch die Welt …
Was macht er in der Welt …
Er fällt gleich in den Dreck …

*

Un tailleur happe un rat,
un tailleur happe un rat,
un tailleur happe un rat des champs,
ri-ra-rat-des champs,
un tailleur happe un rat.

Que fait-il de ce rat,
que fait-il de ce rat,
que fait-il de ce rat des champs,
ri-ra-rat des champs,
que fait-il de ce rat?

Il lui enlève la peau,
il lui enlève la peau,
il lui enlève sa peau de rat,
pi-pa-peau de rat,
il lui enlève la peau.

Que fait-il de la peau,
que fait-il de la peau,
que fait-il de la peau-de rat,
pi-pa-peau de rat,
que fait-il de la peau?

Ein Schneider fing 'ne Maus

(2/2)

Il en coud un petit sac,
il en coud un petit sac,
il en coud un petit sac de rat,
si-sa-sac de rat,
il en coud un petit sac.

Que fait-il de ce sac,
que fait-il de ce sac,
que fait-il de ce sac de rat,
si-sa-sac de rat ,
que fait-il de ce sac?

Il y met tout son fric,
il y met tout son fric,
il y met tout son fric de rat,
fri-fra-fric de rat,
il y met tout son fric.

Que fait-il de ce fric
Que fait-il de ce fric,
Que fait-il de ce fric de rat,
fri-fra-fric de rat,
que fait-il de ce fric?

Il en achète un bouc,
il en achète un bouc,
il en achète un bouc de rat,
bi-ba-bouc de rat,
il en achète un bouc.

Que fait-il de ce bouc,
que fait-il de ce bouc,
que fait-il de ce bouc de rat,
bi-ba-bouc de rat,
que fait-il de ce bouc?

Il fait le tour du monde,
il fait le tour du monde,
il fait le tour du monde de rat,
mi-ma-monde de rat,
il fait le tour du monde.

Que fait-il dans le monde,
que fait-il dans le monde,
que fait-il dans le monde de rat,
mi-ma-monde de rat,
que fait-il dans le monde?

Il tombe droit dans la crotte,
il tombe droit dans la crotte,
il tombe droit dans la crotte de rat,
cri-cra-crotte de rat,
il tombe droit dans la crotte.

*

Glossaire

tailleur, m. – celui qui fait des vêtements (Schneider); happer – attraper (fangen); rat, m. – Ratte; peau, f. – Pelle, Haut; enlever – ici: abziehen; coudre – nähen; sac, m. – Tasche; fric, m. – (fam.) argent; bouc, m. – Bock; crotte, f. – Dreck, Kot

11

Es klappert die Mühle

Es klappert die Mühle am rauschenden Bach,
klipp, klapp.
Bei Tag und bei Nacht ist der Müller stets wach,
klipp, klapp.
Er mahlet uns Korn zu dem kräftigen Brot,
und haben wir dieses, dann hat's keine Not.
Klipp, klapp, klipp, klapp, klipp, klapp,
klipp, klapp, klipp, klapp, klipp, klapp.

*

Le moulin cliquette sur le ruisseau grondant,
clic-clac.
Le meunier ne dort pas, il veille tout le temps,
clic-clac.
Il moud le froment et en fait du bon pain,
et ceux qui en ont, ne vivent pas dans l' besoin,
clic-clac, clic-clac, clic-clac,
clic-clac, clic-clac, clic-clac.

*

Glossaire

cliqueter – claquer (klappern); moulin, m. – Mühle; ruisseau, m. – Bach; gronder – hier: rauschen, plätschern; meunier, m. – Müller; veiller – ne pas dormir; moudre – mahlen; froment, m. – Weizen; seigle, m. – Roggen; vivre dans le besoin – Not leiden

12

Fuchs, du hast die Gans gestohlen

Fuchs, du hast die Gans gestohlen,
II: gib sie wieder her. :II
II: Sonst wird dich der Jäger holen
mit dem Schießgewehr. :II

*

Ma belle oie, renard minable,
tu me l'as volée !
Rends-la sans tarder
II: ou le chasseur redoutable
va te fusiller! :II

oder:
Quand vas-tu enfin nous rendre
l'oie que t'as volée,
renard détesté?
II: Veux-tu qu'on te fasse descendre
par le braconnier? :II

*

Glossaire
oie, f. – Gans; renard, m. – Fuchs; minable – infâme (ici: gemein); rendre – redonner; sans tarder – immédiatement, tout de suite; redoutable – terrible; fusiller – tuer avec un fusil (erschießen); t'as – tu as; détesté – verhasst; descendre – abknallen; braconnier, m. – Wilderer

Allez, hop! Chantez
Chansons enfantines allemandes – Bestell-Nr. 12 415
KOHL VERLAG

13 Heissa, hei, so eine Schneeballschlacht

Heissa, hei, so eine Schneeballschlacht,
ja, das ist was für die Großen und die Kleinen.
Wenn Frau Holle ihre Betten macht,
ja, dann braucht die liebe Sonne nicht zu scheinen.
Und bekommt die kleine Base
einen Schneeball auf die Nase,
machen wir ihr wieder Mut.
Ja dann sagen wir der Kleinen –
„Ach, wer wird denn da gleich weinen,
bis zur Hochzeit da ist alles wieder gut".

*

Une bataille de boules de neige, c'est bon,
une bataille de boules de neige, c'est la démence.
Quand la neige tombe à gros flocons,
le soleil peut bien partir en vacances.
Quand une boule de neige explose
sur le nez de la petite Rose,
nous disons pour la calmer:
«Ce n'est pas une grande affaire.
Quand tu seras arrière-grand-mère,
ce bobo au nez aura cessé.»

*

Glossaire

bataille, f. – Schlacht; boule (f.) de neige – Schneeball; démence, f. – Wahnsinn; c'est la démence – c'est super; vacances, f. – Ferien; calmer – beruhigen; arrière-grand-mère, f. – Urgroßmutter; bobo, m. – petite douleur (Wehwehchen)

14

Hoppe, hoppe Reiter

Hoppe, hoppe, Reiter,
Wenn er fällt, dann schreit er.
Fällt er in den Graben,
fressen ihn die Raben.
Fällt er in den Sumpf –
Dann macht der Reiter plumps!

*

Hop, la cavalière
tombe du cheval par terre.
Elle tombe dans la crotte,
les freux la grignotent.
Elle tombe dans l'étang –
plouf plouf – c'est pas marrant!

Glossaire
cavalière, f. – Reiterin; crotte, f. – ici: Dreck; freux, m. – Krähe; grignoter – anknabbern; étang, m. – Teich; marrant – ici: lustig

Règles du jeu

Un(e) adulte met l'enfant sur ses genoux et le fait sauter en rythme sur le tempo. Puis, au dernier vers du couplet, il /elle ouvre ses genoux et le fait doucement basculer vers l'arrière vers le sol sur les mots "un plouf marrant".

Spielanleitung

Eine erwachsene Person nimmt das Kind auf die Knie und lässt es im Takt auf- und abhüpfen. Im letzten Satz der Strophe öffnet er oder sie die Knie und lässt es bei den Worten "un plouf marrant" ganz sachte nach hinten zum Boden hin abgleiten.

15

Hopp, hopp hopp

Hopp, hopp, hopp,
Pferdchen, lauf Galopp.
Über Stock und über Steine,
aber brich dir nicht die Beine.
Hopp, hopp, hopp, hopp, hopp,
Pferdchen, lauf Galopp!

*

Hop, mon beau
cheval, cours au galop
par-dessus bâtons et lattes
mais ne te casse pas les pattes.
Hop hop hop, mon beau
cheval, cours au galop!

*

Glossaire
bâton, m. – Stock; latte, f. – Latte; patte, f. – jambe (Bein);

Allez, hop! Chantez
Chansons enfantines allemandes – Bestell-Nr. 12 415
KOHL VERLAG

16
Ich bin ein Musikant
(1/2)

Ich bin ein Musikant
und komm' aus Schwabenland.
Er ist ein Musikant
und kommt aus Schwabenland.
Ich kann auch spielen auf der **Trompete**.
Er kann auch spielen auf der Trompete.
II: Tä tä rä tä tä,
tä tä rä tä tä. :II

… auf meiner **Klampfe**: Zupfi-rupf, zupf, zupf
… auf meiner **Flöte**: Tü tü lü tü tü
… auf meinem **Piano**: Klimberim bim bim
… auf meiner **Trommel**: Humba humbaba
… auf meiner **Zimbel**: Zing-a-zing zing zing
… auf meinem **Dudelsack**: Ouin ouin ouin
(Alle halten sich die Nase zu und imitieren den Laut.)

KOHL VERLAG
Allez, hop! Chantez
Chansons enfantines allemandes – Bestell-Nr. 12 415

16

Ich bin ein Musikant

(1/2)

Je suis un musicien
de Souabe – c'est ça ou rien.
Il est un musicien
de Suabe – c'est ça ou rien.
Je sais jouer, moi, de ma ***trompète****.*
Il sait jouer, lui, de sa trompète.
II: Ta-ta-ra ta-ta,
ta-ta-ra ta-ta. :II

… Je sais jouer, moi, de ma ***guitare****: Gratte les cordes-cordes-cordes*
… Il sait jouer, lui, de sa guitare

… Je sais jouer, moi, de ma petite ***flûte****: Tu-tu-lu-tu-tu*
… Il sait jouer, lui, de sa petite flûte

… Je sais jouer de mon ***piano-forte****: Pianoti-pianota*
… Il sait jouer de son piano-forte

...Je sais jouer, moi, de la ***grosse caisse****: Poumba poumbapa*
… Il sait jouer, lui, de sa grosse caisse

… Je sais jouer, moi, de la ***cymbale****: tzing-a-tzing tzing-tzing*
… Il sait jouer, lui, de la cymbale

… Je sais jouer, moi, de la ***cornemuse****: (Tous se pincent le nez et font un son du genre «ouin» pour imiter le son): Ouin, ouin, ouin*
… Il sait jouer, lui, de la cornemuse

*

Glossaire
Souabe, f. – Schwaben(land); gratter – kratzen, mehr schlecht als recht spielen; caisse, f. – Trommel; cymbale, f. – Zimbel; cornemuse, f. – Dudelsack

Les enfants forment un cercle, un chanteur (une chanteuse) est au milieu. À chaque vers l'instrument respectif est imité.

Spielanleitung
Die Kinder stehen im Kreis, ein Vorsänger steht in der Mitte.
Bei jeder Strophe wird das jeweilige Instrument imitiert.

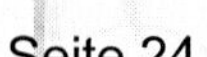

In dem Walde steht ein Haus,
guckt ein Reh zum Fenster raus.
Kommt ein Häslein angerannt,
klopfet an die Wand.
„Hilfe, Hilfe, große Not!
Gleich schießt mich der Jäger tot!“
„Liebes Häslein, komm herein,
reich mir deine Hand.“

*

Un gentil chevreuil accueille
un lapin haletant au seuil
de sa porte. Le petit saisi
d'épouvante crie:
«Au secours, je suis piégé!
Le chasseur va me tuer!»
«N'aies pas peur. Donne-moi ta main,
pauvre petit lapin!»

*

Glossaire

chevreuil, m. – Reh; accueillir – empfangen; lapin, m. – Kaninchen; haletant – keuchend; seuil, m. – Schwelle; épouvante, f. – Entsetzen, Grausen; piégé – in der Falle

Règles du jeu

Les enfants miment les événements: Ils font des bonds comme un petit lapin et halètent en même temps. Puis ils frappent à la porte d'entrée (ou à un mur). Quand les mots «Au secours» sont prononcés, ils lèvent les bras et tirent avec un fusil en plastique ou avec un pistolet à eau. Ensuite, ils font signe au lapin d'entrer et lui donnent la main.

Spielanleitung

Die Kinder stellen das Geschehen pantomimisch dar: Sie hoppeln wie ein Häschen und keuchen dabei. Dann klopfen sie an die Haustür (oder an eine Wand).
Bei „Au secours“ heben sie die Hände in die Höhe. Danach schießen sie mit einem Spielzeuggewehr oder einer Wasserpistole. Dann winken sie das Häschen herein und geben ihm die Hand.

18 Ist ein Mann in'n Brunnen g'fallen

Ist ein Mann in'n Brunnen g'fallen,
hab ihn hören plumpsen.
Wär ich nicht hinzu gekommen,
wär der Kerl ertrunken.

*

Plouf! J'ai entendu un homme
tomber dans la rivière
Sans mon aide il se serait
noyé – la belle affaire!

*

Glossaire

rivière, f. – Fluss; se noyer – ertrinken;
la belle affaire! – was soll's!

19

Komm, folg‘ mir

(„Come Follow”)

Komm, folg‘ mir, folg‘ mir, folg‘ mir, folg‘ mir,
folg‘ mir, folg‘ mir, folge mir.
Sage mir wohin soll ich dir folgen,
sag mir wohin soll ich folgen dir?
In den Laubwald, in den Laubwald,
in den Laubwald folge mir.

*

Viens, suis-moi, suis-moi, suis-moi, suis-moi,
mon ami(e), viens avec moi.
Où veux-tu, chéri(e), que je te suive,
où veux-tu que j’aille avec toi?
À la verte, à la verte,
verte feuillée viens avec moi.

*

Glossaire
feuillée, f. – Laubdach

KOHL VERLAG
Allez, hop! Chantez
Chansons enfantines allemandes – Bestell-Nr. 12 415

20
La le lu

La le lu,
nur der Mann im Mond schaut zu,
wenn die kleinen Babies schlafen.
Drum schlaf' auch du.

*

Fais dodo,
fais dodo, petit angelot.
Ferme les yeux.
La lune veille
sur ton berceau.

*

Glossaire

faire dodo – dormir (Heia machen); angelot, m. – petit ange (Engelchen); veiller sur – wachen über; berceau, m. – Wiege

Leise rieselt der Schnee,
still und starr ruht der See,
weihnachtlich glänzet der Wald:
Freue Dich, Christkind kommt bald.

Bald ist heilige Nacht,
Chor der Engel erwacht.
Horch' nur, wie lieblich es schallt:
Freue Dich, Christkind kommt bald.

*

La neige tomb<u>e</u> doucement,
et gelé est l'étang.
Le bois poudré étincèle.
On se réjouit de Noël.

La nuit saint<u>e</u> approche.
Chantez, anges! Tintez, cloches!
Faites résonner Terre et Ciel.
On se réjouit de Noël.

*

Glossaire

gelé – zugefroren; étang, m. – Teich, Weiher; étinceler – funkeln, leuchten; se réjouir de – sich freuen auf; ange, m. – Engel; tinter – klingen, läuten; résonner – widerhallen

Allez, hop! Chantez
Chansons enfantines allemandes – Bestell-Nr. 12 415
KOHL VERLAG

22 Meine Oma fährt im Hühnerstall Motorrad

Meine Oma fährt im Hühnerstall Motorrad,
Motorrad, Motorrad,
meine Oma fährt im Hühnerstall Motorrad.
Meine Oma ist 'ne ganz patente Frau.

- Meine Oma hat im Backenzahn ein Radio...
- Auf dem Lama reitet Oma durch die Küche ...
- Meine Oma hat Klosettpapier mit Blümchen ...
- Meine Omna hat 'nen Sturzhelm mit Antenne ...
- Meine Oma hat im Strumpfband 'nen Revolver ...
- Meine Oma hat 'nen Nachttopf mit Beleuchtung ...

*

Ma mamie sur sa Harley embête les poules,
les poules, les poules,
Ma mamie sur sa Harley embête les poules,
Ma mamie est une fille supercool.

Ma mamie a une radio dans sa molaire...
Ma mamie fait du lama dans la cuisine ...
Ma mamie a du papier-toilette à roses...
Ma mamie a un casque bleu avec antenne ...
Ma mamie a une flingue dans sa jarretière ...
Le pot de chambre de mamie a des lumières ...

*

Glossaire
embêter – énerver; molaire, f. – Backenzahn; casque, m. – Sturzhelm; flingue, f. – (fam.) Knarre; jarretière, f. – Strumpfband

KOHL VERLAG
Allez, hop! Chantez – Chansons enfantines allemandes – Bestell-Nr. 12 415

23

Mein Hut, der hat drei Ecken

Mein Hut, der hat drei Ecken,
drei Ecken hat mein Hut.
Und hätt' er nicht drei Ecken,
dann wär's auch nicht mein Hut.

*

Ma cloche, elle est très chouette.
Ma cloche, elle a trois coins.
Elle serait moins coquette
avec un coin de moins.

*

Glossaire
cloche, f. – chapeau cloche (Glockenhut);
chouette – super; coquet – joli

Cette chanson est répétée cinq fois, avec des gestes spécifiques accompagnant chaque répétition. Chaque geste est associé à un mot de la chanson:
Au mot "ma" les enfants montrent leur corps.
Au mot "cloche" ils montrent leur tête.
Au mot "trois" ils montrent trois doigts.
Au mot "coins" ils pressent le poing contre l'épaule et utilisent l'autre main pour montrer le coude.
À la première répétition, ils chantent tous les mots et font tous les gestes.
À la deuxième répétition, ils se taisent pendant le mot "ma" et font le geste approprié.
À la troisième répétition, ils se taisent pendant les mots "ma" et "cloche" et font les gestes appropriés.
À la quatrième répétition, ils se taisent pendant les mots "ma", "cloche" et "trois" et font les gestes appropriés.
À la cinquième répétition, ils se taisent pendant les mots "ma", "cloche", "trois" et "coins" et font les gestes appropriés.

Spielanleitung

Das Lied wird fünfmal gesungen und dabei durch folgende Gesten untermalt:
Bei „ma" zeigen die Kinder mit dem Zeigefinger auf sich selbst.
Bei „cloche" fassen sie sich an den Kopf oder die imaginäre Hutkrempe.
Bei „trois" strecken sie drei Finger aus.
Bei „coins" berühren sie den Ellenbogen mit der Hand.
Bei der 1. Wiederholung werden alle Wörter gesungen und alle Gesten ausgeführt.
Bei der 2. Wiederholung schweigen die Kinder bei „ma" und machen die passende Geste.
Bei der 3. Wiederholung schweigen sie bei „ma" und „cloche" und führen die passenden Gesten aus.
Bei der 4. Wiederholung schweigen sie bei „ma", „cloche" und „trois" und führen die passenden Gesten aus.
Bei der 5. Wiederholung schweigen sie bei „ma", „cloche", „trois" und „coins" und führen die passenden Gesten aus.

KOHL VERLAG Allez, hop! Chantez
Chansons enfantines allemandes – Bestell-Nr. 12 415

24

Opa hat 'ne Farm

(„Old Mac Donald“)

Opa hat 'ne Farm, oh ja,
falleri-bum-bum,
und viele Hühner gibt es da,
falleri-bum-bum.
Und wie machen die? Immer gack gack gack.
Hier macht's gack, dort macht's gack,
immerfort macht's gack gack.
Opa hat 'ne Farm, oh ja,
falleri-bum-bum.

- Kühe / muh muh
- Hunde / wau wau
- Katzen / miau miau
- Gänse / schnatter schnatter
- Puter / glu glu
- Ernten / quack quack
- Schafe / bäh bäh
- Schweine / oink oink
- Pferde / hii hii
- Esel / iii-aaa
- Ziegen / mäh mäh

*

Sur la ferme de tante Babette,
ra-ta-ta-ta-tan,
il y a des poules, c'est super-chouette,
ra-ta-ta-ta-tan:
ça fait cot cot cot,
toujours cot cot cot,
cot cot çà,
cot cot là,
ça ne fait que cot cot.
Sur la ferme …

- *vaches / meuh meuh*
- *chiens / ouah ouah ou wouf wouf*
- *chats / miaou miaou*
- *oies / car car*
- *dindes / glou glou*
- *canards / coin coin*
- *moutons / bê bê*
- *cochons / groin groin*
- *chevaux / hiii hiii*
- *ânes / hi-han*
- *chèvres / bê bê*

*

Glossaire

chouette – super, mega; cot cot – gack gack; oie, f. – Gans; dinde, f. – Truthenne; canard, m. – Ente; mouton, m. – Schaf; poule, f. – Huhn; âne, m. – Esel

KOHL VERLAG
Allez, hop! Chantez
Chansons enfantines allemandes – Bestell-Nr. 12 415

Schlaf, Kindchen, schlaf.
Dein Vater hüt' die Schaf.
Die Mutter schüttelt's Bäumelein,
da fällt herab ein Träumelein.
Schlaf, Kindchen, schlaf.

*

Dors, petit angelot,
papa garde le troupeau
Maman secoue l'arbuste, d'où
tombe un petit rêve pour son petit chou.
Dors, petit angelot!

*

Glossaire

angelot, m. – petit ange (Engelchen);
garder – hüten; troupeau – Herde; secouer – schütteln;
arbuste, m. – petit arbre; rêve, m. – Traum;
petit chou – Herzblatt, Schätzchen

KOHL VERLAG
Allez, hop! Chantez
Chansons enfantines allemandes – Bestell-Nr. 12 415

26

Sie wird kommen von den Bergen

(„She'll Be Coming Round The Mountain")

II: Sie wird kommen von den Bergen, wenn sie kommt :II
II: Sie wird kommen von den Bergen :II
Sie wird kommen von den Bergen, wenn sie kommt.

Sie wird kommen mit sechs Pferden …
Einen Hahn werden wir schlachten …
Es wird Hähnchenbraten geben, wenn sie kommt …
Bei der Oma wird sie schlafen, wenn sie kommt …
Im Pyjama wird sie schlafen, wenn sie kommt …

*

II: Elle passera par monts et vaux quand elle viendra :II
II: Elle passera par la montagne :II
Elle passera par monts et vaux quand elle viendra.
Elle viendra avec six chevaux quand elle viendra …
Le vieux coq sera abattu …
On mangera du bon poulet …
Elle couchera chez grand-maman …
Elle mettra son pyjama …

*

Glossaire
mont, m. Berg; val, m. Tal; abattre – tuer (schlachten); poulet, m – (gastr.) Hähnchen

Spannenlanger Hansel,
Nudeldicke Dirn
Gehn wir in den Garten
Schütteln wir die Birn.

Schüttelst du die grossen,
schüttel ich die klein'.
Wenn das Säcklein voll ist
gehn wir wieder heim.

- Lauf doch nicht so schnelle,
  Spannenlanger Hans.
  Ich verlier die Birnen
  und die Schuh noch ganz.
- Trägst ja nur die kleinen,
  Nudeldicke Dirn!
  Und ich schlepp den schweren Sack
  mit den großen Birn.

*

Jeannot squelettique,
Lise grassouillette,
allons au jardin et
cueillons les noisettes.
Tu en cueilles les grosses,
moi, j'en cueille les petites.
Quand nos sacs sont pleins, nous
rentrons tout de suite.

- *Ne marche pas si vite,*
  Lise grassouillette,
  je perds mes noisettes
  et mes sandalettes.
- *Tu en portes les petites,*
  Jeannot squelettique,
  moi, je porte les grandes,
  ce n'est pas logique.

*

Glossaire
squelettique – spindeldürr; grassouillet(te) – pummeling; cueillir – récolter (ernten); noisette, f. – Haselnuss

Règles du jeu

Les enfants (même nombre de garçons et de filles) forment un cercle et se tiennent par la main.
Au «Jeannot squelettique» ils dansent en cercle.
Au «tu en cueilles les grosses» chaque garçon choisit une cavalière et ils dansent en couple.
Au «ne marche pas si vite» les uns courent après les autres.
Au «Tu en portes les petites» tout le monde se tient encore par la main et danse en cercle.

Spielanleitung

Die Kinder (gleiche Anzahl Jungen und Mädchen) stellen sich im Kreis auf und halten sich an den Händen.
Bei „Jeannot squelettique" tanzen sie im Kreis,
bei „Tu en cueilles les grosses" sucht sich jeder Junge ein Mädchen als Partnerin, und beide tanzen als Paar,
bei „Ne marche pas si vite" laufen alle hintereinander her,
bei „Tu en portes les petites" fassen sich alle wieder an den Händen und tanzen im Kreis.

Allez, hop! Chantez Chansons enfantines allemandes – Bestell-Nr. 12 415
KOHL VERLAG

28

Summ, summ, summm

Summ, summ, summ,
Bienchen, summ herum.
Ei, wir tun dir nichts zu Leide,
flieg nur aus in Wald und Heide.
Summ, summ, summ,
Bienchen, summ herum.

*

Bzzz! Bourdonne,
petite abeille mignonne.
Vole autour des marguerites.
On te laisse tranquille, ma petite.
Bzzz! Bourdonne,
petite abeille mignonne.

*

Glossaire
bourdonner – summen; mignon(ne) – joli(e)

Règles du jeu

Les enfants tapent dans les mains au rythme de la musique et chantent «Bzz! Bourdonne» pendant que la petite abeille au milieu du cercle vole avec les bras tendus autour de trois marguerites (c'est-à-dire: trois enfants avec une fleur dans les cheveux).

Spielanleitung
Die Kinder singen „Bzzz! Bourdonne" und klatschen dabei im Rhythmus in die Hände, während das Bienchen in der Mitte des Kreises mit ausgebreiteten Armen um drei Margeriten (sprich: Kinder mit einer Blume im Haar) herumfliegt.

Suse, liebe Suse,
was raschelt im Stroh?
Die Gänse gehen barfuß
und haben kein' Schuh.
Der Schuster hat Leder,
kein' Leisten dazu,
drum gehen die Gänse barfuß
und haben kein' Schuh.

*

Ce froissement dans la paille,
c'est quoi, chère Renée?
Les oies marchent pieds nus,
elles n'ont pas de souliers.
Il n'a pas de forme, notre pauvre savetier.
Pour ça les oies n'ont pas de souliers pour marcher.

*

Glossaire
froissement, m. – Rascheln, Knistern; paille, f. – Stroh; oie, f. – Gans; pieds nus – barfuß; soulier, m. – Schuh; forme, f. – ici: Leisten

30

Taler, Taler, du musst wandern

Taler, Taler, du musst wandern
von dem einen
zu dem andern.
Das ist schön,
das ist schön.
Niemand darf den Taler sehn.

*

Franc, franc, franc, franc, franc, il faut
que tu passes à chaque minot.
Mais personne
n'a le droit
de te voir quoi qu'il en soit.

*

Glossaire
minot, m. – enfant; quoi qu'il en soit – de toute manière (wie dem auch sei)

Règles du jeu

Cette chanson peut être jouée en rond. On donne un petit objet (p.ex.un caillou, un dé, une bille etc.) à un enfant et il doit le faire passer à son voisin (sa voisine) sans que cela se voie.

Spielanleitung
Bei diesem Kreisspiel bekommt ein Kind einen kleinen Gegenstand (z.B. einen Kieselstein, einen Würfel oder eine Murmel) in die Hand, den es dem Nachbarn oder der Nachbarin nicht sichtbar weiter reicht.

31

Töff, töff, töff – die Eisenbahn!

Töff, töff, töff, die Eisenbahn!
Wer will mit zur Oma fahr'n?
Alleine fahren mag ich nicht.
Darum nehm ich den/die (*Name*) mit.

*

Teuf, teuf – c'est le chemin de fer!
Je vais aller voir mémère.
Et j'espère que c'est bien toi
qui vas venir avec moi.

*

Règles du jeu

Les enfants se mettent l'un derrière l'autre et forment un train à plusieurs wagons. Au moment où tous les autres chantent «Je vais aller voir mémère» l'enfant en tête choisit une personne qui l'accompagnera. Celle-ci va à la tête du train. Au moment où les autres chantent «Je vais aller voir mémère» elle choisit à son tour son passager ou sa passagère. Et ainsi de suite.

Spielanleitung

Die Kinder stellen sich hintereinander in einer Reihe auf und bilden einen langen Zug und singen dabei. Bei «Je vais aller voir mémère» sucht sich das Kind an der Spitze des Zuges aus der Reihe einen Mitfahrer oder eine Mitfahrerin aus, der oder die es an der Zugspitze ablöst. Bei «Je vais aller voir mémère» sucht dann das neue Kind an der Spitze sich wiederum jemanden als Mitfahrer/in aus. Und so weiter.

KOHL VERLAG Allez, hop! Chantez Chansons enfantines allemandes – Bestell-Nr. 12 415

32 Wasser ist zum Waschen da

Wasser ist zum Waschen da,
falleri und fallera.
Auch zum Zähneputzen
kann man es benutzen.
Wasser braucht das liebe Vieh,
fallera und falleri.
Selbst die Feuerwehr
benötigt Wasser sehr.

*

L'eau, ça sert à nettoyer
le visage, le corps, les pieds,
et on l'utilise
pour laver nos chemises;
puis il y a nos poules chéries
qui en ont besoin aussi –
et les braves pompiers
ne peuvent pas s'en passer.

*

Glossaire

nettoyer – reinigen; poule, f. – Huhn; chéri(e) – aimé(e (geliebt)); pompier, m. – Feuerwehrmann; ne pouvoir pas se passer de qc. – etwas nicht entbehren, ohne etwas nicht auskommen können

33

Weißt du wieviel Sternlein stehen

(1/2)

Weißt du, wieviel Sternlein stehen
an dem blauen Himmelszelt?
Weißt du, wieviel Wolken gehen
weithin über alle Welt?
Gott der Herr hat sie gezählet,
dass ihm auch nicht eines fehlet
an der ganzen großen Zahl,
an der ganzen großen Zahl.

Weißt du, wieviel Mücklein spielen
in der hellen Sommerglut?
Wieviel Fischlein auch sich kühlen
in der klaren Wasserflut?
Gott der Herr rief sie mit Namen,
dass sie all' ins Leben kamen,
dass sie nun so fröhlich sind,
dass sie nun so fröhlich sind.

Weißt du, wieviel Kinder frühe
stehn aus ihren Bettchen auf,
dass sie ohne Sorg' und Mühe
fröhlich sind im Tageslauf?
Gott im Himmel hat an allen
seine Lust, sein Wohlgefallen,
kennt auch dich und hat dich lieb,
kennt auch dich und hat dich lieb.

*

KOHL VERLAG
Allez, hop! Chantez
Chansons enfantines allemandes – Bestell-Nr. 12 415

33

Weißt du wieviel Sternlein stehen

(2/2)

Sais-tu bien combien d'étoiles
luisent au vaste firmament,
et combien de nues font voile
à travers le ciel géant?
Dieu seul connaît le cadastre
des nuages et des astres.
Il les a tous bien comptés,
notés et énumérés.

Que de petites mouchelettes jouissent
du soleil les réchauffant,
que d' poissons se rafraîchissent
dans les eaux de l'océan!
Dieu les connaît tous de nom,
et il sait pourquoi ils sont
si heureux et si joyeux,
si heureux et si joyeux.

Que de petits enfants se lèvent
aux aurores de leurs petits lits.
Ils ont fait de jolis rêves,
ils sont gais et sans souci.
Le bon Dieu, notre Seigneur,
il les aime de tout cœur.
Toi aussi, il aime beaucoup,
toi aussi, il aime beaucoup.

*

Glossaire

étoile, f. – Stern; luire – émettre la lumière (leuchten); vaste – immense; nue, f. – nuage; faire voile – segeln; géant – très grand; cadastre, m. – Flurbuch; astre, m. – étoile; mouchelette, f. – petite mouche; jouir de – sich erfreuen, genießen; réchauffer – wärmen; se rafraîchir – sich erfrischen; gai – fröhlich; joyeux, -se – fröhlich; aux aurores – im Morgengrauen; se lever – aufstehen; rêve, m. – Traum; tendrement – innig

34 Wenn ich ein Vöglein wär

Wenn ich ein Vöglein wär
und auch zwei Flügel hätt‘,
flög ich zu dir.
Weil's aber nicht kann sein,
weil's aber nicht kann sein,
bleib ich allhier.

*

Si sur mon dos poussaient
deux ailes, je volerais
tout de suite vers toi.
Mais je n'ai pas d'ailes,
mais je n'ai pas d'ailes.
Donc je reste chez moi.

*

Glossaire
dos, m. – Rücken; aile, f. – Flügel

35

Wenn ich groß bin, liebe Mutter

Wenn ich groß bin, liebe Mutter,
werd' ich alles für dich tun.
Und dann haben deine Hände
endlich Zeit, sich auszuruhn.
Wenn die Hähne kräh'n am Morgen
brauchst du nicht mehr aufzusteh'n,
denn dann werd' ich für dich sorgen
und für dich zur Arbeit geh'n.

*

Quand je serai une grand<u>e</u> fill<u>e</u>
je vais m'occuper de toi
pour que tu, maman chéri<u>e</u>,
puisses te reposer. Crois-moi,
quand le coq chantera à l'aub<u>e</u>
tu resteras couchée au lit.
Je ferai vivre la famill<u>e</u>,
chère maman, et toi aussi.

*

Glossaire
s'occuper de –sich kümmern um; aube, f. – point du jour (Morgengrauen); faire vivre – ernähren

KOHL VERLAG Allez, hop! Chantez Chansons enfantines allemandes – Bestell-Nr. 12 415

Winter, ade!
Scheiden tut weh.
Aber dein Scheiden macht,
dass mir das Herze lacht.
Winter, ade! Scheiden tut weh.

*

Adieu, hiver!
Va-t'en, mon cher!
Si tu t'en vas, grincheux,
tu rendras tous heureux.
Adieu, hiver!
Va-t'en, mon cher!

Ou bien:

Adieu, hiver!
Adieu, mon cher!
Adieu, va-t'en enfin,
tu ne sers plus à rien.
Fiche-moi le camp !
Hiver, va-t'en !

*

Glossaire
grincheux, m. – Miesepeter; fiche-moi le camp – s'en aller (Verschwinde!)

37 Wir haben Hunger, Hunger, Hunger

Wir haben Hunger, Hunger, Hunger,
haben Hunger, Hunger, Hunger,
haben Hunger, Hunger, Hunger,
haben Durst.

*

On crève de faim, on crève de faim,
on crève de faim, on crève de faim,
on crève de faim, on crève de faim,
on meurt de soif.

*

Glossaire

crever – (pop.) mourir; faim, f. – Hunger; soif, f. – Durst

Allez, hop! Chantez
Chansons enfantines allemandes – Bestell-Nr. 12 415
KOHL VERLAG

38

Zehn grüne Flaschen

(„Ten Green Bottles“)

Zehn grüne Flaschen, die hängen an der Wand,
zehn grüne Flaschen, die hängen an der Wand,
und fiel eine runter,
das wär doch allerhand,
wären neun noch übrig,
neun Flaschen an der Wand.

Neun – acht
Acht – sieben
Sieben – sechs
Sechs – fünf
Fünf – vier
Vier – drei
Drei – zwei
Zwei – wär noch eine übrig

Eine grüne Flasche hängt jetzt noch an der Wand,
eine grüne Flasche hängt jetzt noch an der Wand,
und fiel die noch runter,
das wär doch allerhand,
dann hing keine Flasche
mehr an der blöden Wand.

*

Dix bouteilles sont posées sur le mur,
dix bouteilles sont posées sur le mur.
Si l’une d’elles en tombait
il resterait, bien sûr,
encore neuf bouteilles
posées sur le mur.

Neuf … huit
Huit … sept
Sept …six
Six … cinq
Cinq … quatre
Quatre … trois
Trois … deux
Deux … une

Une bouteille est posée sur le mur,
une bouteille est posée sur le mur.
Et si cette bouteille
en tombait, ça c’est sûr,
il ne resterait aucune
bouteille sur le mur.

*

Glossaire

bouteille, f. – Flasche; rester – übrig bleiben; aucun(e) – kein(e)

Allez, hop! Chantez
Chansons enfantines allemandes – Bestell-Nr. 12 415
KOHL VERLAG

39

Zeigt her eure Füßchen

Zeigt her eure Füßchen, zeigt her eure Schuh
Und sehet den fleißigen Waschfrauen zu.
II: Sie waschen, sie waschen,
sie waschen den ganzen Tag. :II

Die Wäsche, sie wringen sie aus den ganzen Tag.
Die Wäsche, sie hängen sie auf den ganzen Tag.
Sie bügeln, sie bügeln, sie bügeln den ganzen Tag.
Sie schwatzen, sie schwatzen, sie schwatzen den ganzen Tag.
Sie tanzen, sie tanzen, sie tanzen den ganzen Tag.
Dann ruh'n sie, dann ruh'n sie sich aus den ganzen Tag.

*

Montrez vos petits pieds et
montrez vos souliers
et regardez les lavandières appliquées.
II: Elles lavent, elles lavent,
elles lavent toute la journée. :II

Elles tordent le linge, elles
le tordent toute la journée.

Le linge, elles le mettent sur
la corde toute la journée.

Le linge, elles repassent
le linge toute la journée.

Elles jactent, elles jactent,
elles jactent toute la journée.

Elles dansent, elles dansent,
elles dansent toute la journée.

Elles chillent, elles chillent,
elles chillent toute la journée.

*

Glossaire
soulier, m. – Schuh; lavandière, f. – Waschfrau; linge, m. – Wäsche; tordre le linge – auswringen; corde f. (à linge), – (Wäsche)leine; repasser – bügeln; jacter – quasseln; chiller – (fam.) se reposer

Règles du jeu

Les enfants miment les actions mentionnées dans cette chanson enfantine traditionnelle en même temps qu'ils chantent.

Spielanleitung

Die Kinder singen und ahmen dabei die im Lied erwähnten Handlungen nach.

Allez, hop! Chantez
Chansons enfantines allemandes – Bestell-Nr. 12 415
KOHL VERLAG